AF230205

QUELQUES

MÉDITATIONS

POLITIQUES.

QUELQUES

MÉDITATIONS

POLITIQUES

D'ADRIEN SARIAC,

SUR

LES SOUFFRANCES DU PEUPLE

ET

LES SEULS MOYENS PROPRES

A LES SOULAGER.

—

L'intrigant cache l'ambitieux. Le mérite est de sa nature timide et craintif. Citoyens, flétrissez l'un, cherchez avec ardeur l'autre, et vous serez heureux.

AUCH,

IMPRIMERIE ET LITHOGRAPHIE DE J. FOIX, RUE NEUVE.
—
1849.

AVANT-PROPOS.

C'est pour vous particulièrement, mes confrères, les cultivateurs de la terre! Pour vous aussi, mes frères, les artisans des petites et grandes ville, qui tissez la toile, qui faites nos vêtements, nos souliers et nos meubles, qui bâtissez nos maisons! Pour vous tous, enfin, ouvriers probes et vigilants, qui ne mettez pas la main sur le budget, qui n'êtes pas infectés des vapeurs du communisme, du socialisme, qui souffrez et qui êtes à la recherche d'hommes aimant la vérité et la justice, que j'ai écrit à bâtons rompus, suivant mes inspirations et mes loisirs; ces méditations! C'est à vous tous aussi que je les dédie. Est-ce que, tous ensemble, nous ne sommes pas la vigne qui appartient à ce maître débauché et impitoyable, le budget, qui, tout en méconnaissant les soins d'un bon cultivateur, consomme infiniment plus qu'elle ne peut produire, et veut en forcer le revenu en le taillant à merci? Déjà fatigué de semblables expédients, elle ne pousse plus que des jets étiolés et sans grappes, La sève se retire et les convulsions de la mort s'empreignent à la souche! En suivant ma comparaison, je vous dirais, chers amis, que de même que nous voyons quelquefois une vigne perdue reprendre une nouvelle vigueur sous là main d'un cultivateur habile et soigneux, de même aussi la vigne de l'Etat, confiée à des mains moins rapaces et plus équitables, qui ne dédaigneront pas d'y couper les branches inutiles et d'en laisser de mieux appliquées, reprendra une nouvelle force, pourvu que la raison, la justice et la vérité, seuls cultivateurs qui peuvent la préserver d'un dépérissement certain, s'en emparent. Nos ennemis, nos ogres financiers sont ceux de nos frères à qui l'iniquité, le mensonge, la folie profitent. Tenez-vous donc en garde contre leur insinuation, et soyez certains que tous les moyens leur seront bons pour défendre leur position et s'y maintenir.

PREMIÈRE MÉDITATION.

———

Au Mey, ce 25 novembre 1848.

Peuple,

Pourquoi faut-il que, cédant à mes inspirations, je revienne m'entretenir avec toi, alors que je suis certain que ma parole se perdra dans le désert et que, ainsi que par le passé, tu souriras dédaigneusement à la vérité pour te jeter au cou de l'astuce et du mensonge ?... Triste victime de ton ignorance et de tes passions, tu seras donc toujours destiné à servir de pâture aux fourbes habiles que tu nourris dans ton sein, et qui n'invoquent ton nom et tes misères que pour enflammer ta colère et s'en faire des marchepieds à leur ambition ! Eh bien ! permets, sans te fâcher, que le plus minime de ton être collectif, qui vit éloigné du monde et relégué dans un mauvais coin de terre, te communique ses réflexions sur les calamités qui nous assiégent et dont tu es l'auteur innocent ! Pourquoi le fais-je ? Parce que, atome de ce grand tout qu'on nomme peuple, j'ai un faible intérêt, il est vrai, quant à lui, mais un bien grand, quant à moi, à ce que la vérité, la justice, fussent écoutées et pratiquées. Aussi, bien le temps des longs loisirs arrive ; nos semailles sont faites et l'hiver est sur nous. Avec les longues soirées, l'homme des champs, près de son âtre, se livre à la méditation. Oh ! que, aujourd'hui, ils sont nombreux et lugubres les sujets qui assaillissent à la fois son esprit ! A l'aspect du sombre chaos enfanté par soixante ans de déceptions cruelles, prodiguées aux Français sous le charme des plus belles et fallacieuses paroles, le bien, le vrai, le juste, auront-ils pour toujours fui le sol de la France ? Frères, je le crains. Je le crains! Et pourquoi ?.. Oserais-vous le dire ? Oui, sans doute, je l'oserai, bien que je sache qu'il est des vérités pénibles, quelquefois même dangereuses à dire. Aussi, ne peuvent-elles jaillir ces vérités-là que d'une plume libre, désintéressée, inspirée, par qui, comme vous, a toujours vécu et espère toujours vivre éloigné du pouvoir. Ma vie, je l'ai soumise aux pénibles labeurs des champs, et mes goûts sont si simples que je puis bien braver, en usant de mes droits, de vous dire ma pensée sur les hommes du jour, et sur ceux de la veille toute leur colère. Placé à ce point de vue, qu'ai-je à redouter des puissants, passés, présents et à venir ? Qu'ai-je à redouter ? Rien, vraiment, pour mon ambition, des monopoleurs des faveurs publiques ! Tout, pour le repos de ma patrie, et pour vous et pour moi, de leur rapacité barbare.

Voyons, entrons dans ce gouffre creusé par nos rois, et qu'y trouvons-nous ? L'iniquité trônant déjà depuis longtemps sur nous. Est-ce que sans cela quelques mille émeutiers eussent trouvé ces braves Parisiens, et, avec eux, toute la France, sinon contents, du moins tous indifférents à la chute des trônes à l'abri desquels elle planait sur nos destinées ? Non, sans doute; tous, nous nous fussions levés en masse pour voler au secours d'un pouvoir paternel, tandis que tous nous nous sommes effacés pour laisser s'enfuir les gouvernements appuyés sur le favoritisme et la corruption, et qui n'emplissaient leur trésor qu'en jugulant les peuples par les lois fiscales les plus immondes. Qu'ont fait les favoris de ces pouvoirs? Ont-ils eu le courage de verser une seule goutte de leur sang pour ces rois qui leur sacrifiaient le peuple ? Loin de là ; à peine s'il en est quelques-uns qui aient cru devoir abandonner leur prise sur le budget républicain. Vils mercenaires ! qui n'ont de cœur que pour l'argent, et qui, pour de l'argent, immoleraient mille fois rois et patrie ! — Cruelles leçons, jamais mises à profit, quoique souvent répétées.

Tant que les gouvernements, de quels noms qu'ils se décorent, n'auront pas pour maxime de travailler sérieusement au soulagement des masses, sans s'inquiéter nullement du sort des intrigants, qui pavent toutes les avenues du pouvoir, toujours le sol de la France sera tremblant et mobile pour eux, et j'ajoute qu'il ne saurait en être différemment. Comme, jusqu'ici, les populations n'ont pas vu poindre un tel gouvernement, c'est pourquoi, mornes, silencieux, très peu de nous ont salué avec joie l'avènement de la République qui, en général, a été acceptée, sinon subie ni appelée, quoique sans regrets pour le système qui s'enfuyait. La République, mot effrayant pour les contemporains de sa première apparition en France, faisait, néanmoins, l'espoir des hommes généreux qui ne voulaient connaître d'elle que les bienfaits dont la plupart des peuples anciens avaient à se louer, et dont le peuple moderne des Etats-Unis se trouve si bien. Ceux-là espéraient qu'elle ferait oublier ses fautes, qu'elle éviterait les écueils redoutables où sombrèrent nos pères, et que les hommes qui l'avaient toujours eue en vénération et à qui le pouvoir venait d'échoir, seraient fiers de la montrer aux Français, honnête, pure, désintéressée, et ne respirant qu'amour et soulagement pour eux, accablés depuis si longtemps sous le faix de charges publiques et d'exactions de toutes sortes. Pauvres benêts que nous étions ! Il ne nous a pas fallu bien du temps pour nous désillusionner ! Grâce aux plus cyniques républicains de la veille qui, pendant si longtemps, ont entonné la trompette de la vertu, du désintéressement, nous avons appris que, pour eux, la République ne s'était point faite pour nous alléger. Au contraire !... mot foudroyant, et que le suffrage universel a entendu. Oh ! que nos vieillards ont eu raison d'attendre avant de dérider leur front ! En effet, à peine ces ambitieux de la veille qui simulaient, avant le 25 février, la vertu, le stoïcisme le plus parfait, ont-ils eu, avec le pouvoir, la certitude que la République était accueillie par toute la France, qu'ils s'empressèrent d'ouvrir les bagnes et les prisons, d'appeler à eux une armée de bandits pour jeter l'effroi et dominer par la terreur sur la France ! A cette apparition, tous les bienfaits de la civilisation ont croulé sous nos pieds. Le crédit, le commerce, l'argent, ont disparu comme une ombre. A leur place, ont paru l'anéantissement de l'industrie et de l'agriculture, la dépréciation de toutes les valeurs mobilières et immobilières, les chimériques et perfides promesses du droit au travail, de l'association, de l'égalité du salaire, de l'abolition de la concurrence, et, que sais-je, de tant et tant d'autres billevesées débitées par des hommes du pouvoir d'alors, le tout couronné d'impôts nouveaux impossibles à payer pour la généralité ; la fabrication de la fausse monnaie étant punie des bagnes, la bonne, à quelques exceptions près, étant toute dans les poches des salariés de l'Etat.

Pour assouvir cependant la famélique ardeur qui poussait les plus insatiables de cette horde sur le trésor public, qui regorgeait alors d'or et d'argent, malgré les assertions contraires de ses chefs, il fallut, bientôt épuisé, au lieu de la suppression des impôts immoraux et vexants que nous attendions tous, nous préparer, non-seulement à les voir se perpétuer, mais bien encore à les voir s'accroître. Certes, n'avions-nous pas aussi à récompenser tous les assassins des rois, tous les fauteurs de troubles des temps passés? N'avions-nous pas, pour la plus grande gloire de nos modernes gouvernants et pour leur servir d'épouvantail, contre une représentation hostile, cent mille fainéants, ou vagabonds, ou repris de justice, à nourrir et tenir prêts pour le coup de main ? Oh ! nous ne savions pas ce qu'il en coûte pour entretenir longtemps en goguette tant de braves aux coups de mains, vieillis dans les prisons ou au coin d'un bois, et pour payer et faire aller en calèches leurs chefs émérites ! N'allez pas croire qu'ils s'effarouchent à la vue du trésor qui s'épuise ! Est-ce que nos vertueux républicains, dont la simplicité se trouve mal à l'aise dans les mesquins appartements des rois, n'ont pas sous la main tous ces prétendus riches qui, par parenthèse, se laisseront tondre comme des agneaux, pour les offrir, selon les préceptes de leur fraternité, en pâture à leurs voraces, ainsi qu'ils se plaisent à se nommer eux-mêmes? Le trésor est à sec ; vite, décrétons un impôt de 45 centimes exigible à l'instant même. Holà ! crient les contribuables ; ne voyez-vous pas que notre bourse est à sec aussi, et qu'il nous est impossible d'aller du même pas que vous? Ce temps d'arrêt forcé, les plaintes qui jaillissent de tous côtés sur ce malencontreux impôt, qui a rudement ébranlé la République, mettent en émoi les ambitieux du parti qui voient, sans s'en douter, leurs ressources tarir ; mais les forcenés, amis de nos gouvernants, se fatiguent d'attendre et s'impatientent de cet atermoîment. Pour sortir de cette impasse, que leur faut-il ? Un coup de tête, et, à la suite, l'impôt du milliard sur les riches, de 500 millions sur l'infâme ville de Paris, la création du papier-monnaie, l'abolition de l'argent, dès que pourtant il sera tout en leurs mains, et tant et tant d'autres douceurs que dans leur aménité fraternelle ces bons.... bah! pourquoi profaner les beaux mots, disons plutôt et mieux, ces farouches républicains de la veille nous couvaient dans leur tendresse paternelle. A ce débordement de passions, à ce gaspillage, à ce dénûment de toutes vertus civiques dont firent effrontément étalage la plupart des coryphées du parti dominant qui, tous, voulaient être les maîtres de la scène, la France épouvantée, mais non abattue, se rend en masse aux comices avec l'intention formelle d'arrêter, malgré les furibondes menaces d'un homme du pouvoir, par le choix de ses représentants, l'inondation des maux prête à fondre sur elle. Avant d'arrêter ses choix, que d'intrigants à paroles dorées sont montés sur les tréteaux pour étaler leurs mérites passés et faire pressentir leurs mérites futurs ! En ce temps-là, il n'était point de prétendants à notre mandat qui ne nous trouvassent écrasés d'impôts, qui ne blâmassent notamment celui des 45 centimes, et qui ne se promissent de coopérer à son retrait comme à l'abolition des impôts sur le sel et les boissons. Sur la foi en leur parole, nous les revêtîmes du soin d'aller plaider nos droits et faire entendre nos plaintes. Qui que tu sois qui me liras, dis, combien en comptes-tu qui aient été fidèles à notre mandat? Je te laisse laisse le soin de répondre. — Qu'on soutienne, après cela, que le mandat impératif dégrade, porte atteinte à l'honneur de celui qui le reçoit ! Moi, je te dis que sans lui, tu iras de naufrage en naufrage jusqu'à ce que tu sois tout-à-fait submergé. — Mais passons.

L'iniquité, toujours rayonnante et parée, n'ayant changé que de buste, est un vrai sujet de scandale pour les populations souffrantes. Elle est bien près d'appeler sur elles la barbarie, car tous, nous ne naissons pas intelligents ; tous, nous ne pouvons nous livrer à l'étude ; nos travaux absorbant notre activité, c'est à peine s'il nous reste l'hiver quelques heures de loisir. Tel est, et tel doit être le monde, sous peine de périr d'inanition. Or, si tous nous ne pouvons cultiver notre esprit, s'ensuit-il pour cela que nous n'ayons ni raison, ni jugement? Si ces deux sentiments sont innés dans l'homme, ne craignez-vous pas, puissants de la terre, qui nous abusez depuis si longtemps, qu'il ne s'aperçoive pas que vous ne cherchez à devenir habile que pour mieux lui river ses fers ? Ne craignez-vous pas, à force de le tromper, d'étendre sa méfiance sur tous les gens de bien qui savent quelque chose, et de l'obliger, dans son embarras, à confier sa destinée à ceux qui l'abusent par les fallacieuses promesses du nivellement des fortunes ou à ceux qui lui soufflent la haine et la rage dans le cœur contre tout ce qui a quelque supériorité d'intelligence ou de position sur lui ? Oh ! quel infernal plaisir peuvent trouver nos gouvernants de tous les temps à n'être ni justes, ni bons ! Est-ce qu'il est donc si difficile de rendre le peuple heureux ? Est-ce que pour l'être, il demande la spoliation du riche, l'égalité chimérique des fortunes, l'abolition de toute distinction entre le bon et le mauvais fils, entre le débauché et l'homme vertueux, entre l'ignorant et l'habile, entre le bon et le mauvais riche, entre celui, enfin, que son mérite civil ou guerrier élève, et celui que la lâcheté, le mépris de ses devoirs, l'oisiveté et la paresse rabaissent ? Non, mille fois non ! Ce qu'il demande, c'est la justice, la sobriété dans les impôts ; c'est l'impartialité des magistrats. La justice, toujours la justice, et rien que la justice, voilà pour le peuple honnête toute la définition de la République ! Il n'en connaît pas d'autres. Celle-là lui est dictée par son instinct. Aussi, il ne comprend rien à toutes vos arguties, à toutes vos subtilités tendant à établir qu'elle doit être démocratique seulement, ou démocratique et sociale tout à la fois, et à l'aide desquelles vous cherchez à l'étourdir. A son sens, une République basée sur le suffrage universel n'a besoin d'aucune des épithètes dont les partis ont voulu ou l'ont gratifiée, et pour lesquelles ils ont tant et inutilement lutté, et perdu un temps précieux et cher. Elle sera toujours pour le peuple, exprimant en masse sa pensée, ce que le peuple voudra, rien de plus, rien de moins. Arrière donc ces propagateurs sauvages d'idées anti-sociales et sanguinaires ! Le peuple les renie et les renvoie au bagne où ils trouveront des disciples. Arrière aussi ces insatiables sangsues du budget pour qui la curée n'est jamais assez bonne, et qui nous dévoreraient avec autant de facilité que l'épervier se passe un moineau ! Pas plus des uns que des autres. Tels sont, mes frères, les deux écueils qu'il faudrait éviter, si nous savions être prudents

et sages. Mais la pomme de discorde, les intrigants la font voler
habilement des uns aux autres, parce que eux seuls profitent de
nos sottes et puériles dissensions. Cependant, la masse du peuple
n'est pas ambitieuse. Il n'est donc pas possible qu'on l'égare plusieurs fois de suite, sans quoi il faudrait désespérer de la République. Les charlatans politiques ont bien pu surprendre son
suffrage dans un moment où elle ne savait que faire de son em-
barrassante souveraineté. Mais rien n'est propre à dessiller les yeux
du peuple, de celui des champs surtout, lui qui n'a ni le temps
de lire, ni celui d'étudier; lui qui est obligé de donner tout son
temps aux travaux de la terre pour nourrir les faiseurs de révolutions à leur profit et ces ouvriers vagabonds que la province vomit
sur la capitale ; rien, dis-je, n'est propre à lui ouvrir les yeux que
la demande d'impôts nouveaux que lui fait le percepteur, quand
il s'attendait à des diminutions, que ces chants sinistres, dont les
échos de ce qu'il y a plus impur dans la grande cité font raisonner
les ruelles de nos petites villes. Attentif, il se redresse, écoute et
regarde quels sont les organes qui appellent les orgies dont le sou-
venir fait hérisser encore les cheveux de la tête de nos pères, de
nos aïeux. A leur vue, il recule saisi d'effroi, étonné qu'il puisse
y avoir encore des êtres humains aussi diaboliquement organisés
et un gouvernement si pitoyable pour tolérer des scènes si hideuses.
Un gouvernement nouveau, qui débute si maladroitement, ne naît
pas viable ; quel que soit son prestige, le masque tombe, et son
tombeau est là ! qui l'attend ! O nous qui, des premiers, avons
espéré en la République, que nous avons été vivement ulcérés lorsque nous l'avons vue si lâchement assassinée par ceux-là même
que nous devions croire ses plus chauds amis ! Ici, qu'il me soit
permis de dire toute ma pensée sur les hommes et les choses.
Quand Louis Blanc criait à pleins poumons que la République
était immortelle, c'était un cri de dérision qu'il proférait, puisque,
au même instant, il cherchait à insinuer à ses auditeurs et à ré-
pandre sur la France les maximes les plus anti-sociales, à agglomérer autour de lui l'écume de la société pour, au besoin, prêter
main-forte à ses principes qui ne sauraient s'allier à aucun système de gouvernement. Il saignait alors la République par ses
quatre veines, en immolant, en même temps, le travail, la confiance,

le commerce et le crédit. Il semait l'épouvante autour de lui pour faire naître la tempête. Que de sang n'a-t-il pas fallu pour l'apaiser seulement ! Juste ciel ! combien en faudra-t-il peut-être encore pour la dissiper !...

Cependant, jamais gouvernement nouveau n'aura de plus belles chances de s'installer avec l'espoir de conquérir l'amour du peuple. Il gémissait sous le poids d'iniquités qu'on eût jugées atroces, s'il n'eût été donné aux parrains de la république de nous démontrer qu'elles étaient douces, comparativement à celles qu'ils nous réservaient. Que fallait-il faire pour cela ? La première de toutes les choses à faire, c'était de s'attirer l'estime, l'amour des populations en proclamant qu'il n'y avait dans le pays qu'un système de changé, et, avec lui, une famille de rois de moins, et, de moins aussi, le gaspillage de la fortune publique. Dire bien haut que la religion, la famille, la propriété et la dette publique, telles qu'elles étaient constituées, seraient plus respectées sous le gouvernement de la république, qui implique la réunion de toutes les vertus, que sous aucun gouvernement possible. S'étudier à ne rien faire, à ne rien tolérer qui pût faire croire à l'oubli de ces principes, base de toute société possible.

La France rassurée sur ces points vitaux, il fallait s'occuper immédiatement des économies à faire, conséquences naturelles des allégements indispensables à procurer aux populations qui n'attendaient que cela pour se prononcer vivement en faveur de la république. Le pays, par le fait d'une révolution aussi fondamentale que celle du 25 février, se trouvait dans une espèce d'anarchie qui brisait toutes les positions qui se rattachaient au pouvoir déchu. Rien ne la liait au passé que les principes sacramentels de toute société. Affranchi de tous liens, le pouvoir nouveau n'avait donc aucun ménagement à garder envers les fonctionnaires. Dans la sûre prévision des diminutions de recettes qu'amène toute perturbation sociale, sa première pensée, ou tout au moins, sa seconde, devait être d'atténuer les dépenses, soit par la diminution des traitements et du nombre des fonctionnaires, soit en dégageant l'Etat de toute subvention à la caisse des retraites civiles. Il devait aussi, avant de recourir à de nouveaux impôts, provoquer dans cette circonstance pénible, le dévoûment des bons citoyens, afin que la presque totalité des emplois fût devenue quasi-gratuite jusqu'à des temps meilleurs. Que d'hommes honorables auraient offert leurs services s'ils eussent été gratuits; qui sont restés éloignés pour ne pas encourir le reproche d'avoir salué avec joie la révolution pour assouvir leur ambition. Ces économies eussent été sensibles et auraient permis de prompts soulagements en faveur des malheureux. Là, vraisemblablement, n'était pas le compte des républicains rouges.

Au lieu d'agglomérer dans les grands centres de populations une masse oisive d'ouvriers, dans un moment de crise, il fallait, au contraire, prendre immédiatement une mesure énergique pour faire refluer dans son département tout ouvrier étranger à ces villes qui n'eût pas justifié d'un moyen d'existence, en lui donnant toutefois les facultés de retour. Cette mesure salutaire aurait empêché le crédit et la confiance de disparaître tout à fait, et, avec ces deux élémens, le gouvernement eût paré à de bien grands embarras.

Assurer tous les gouvernements étrangers de notre ferme résolution de vivre en paix avec eux, comme aussi de notre intention bien arrêtée de ne nous immiscer en rien dans leurs propres affaires, réclamant pour nous le même privilége. En proclamant ces principes, tenir à honneur de ne pas manquer directement ou indirectement à notre parole. Mais, aussi, comme les armements extraordinaires de tous les états sont de mauvaise augure et ruinent les peuples qui les souffrent, annoncer d'une manière calme, honnête autant que ferme, que la France voulait plutôt diminuer son armée que l'augmenter sans motifs. Que ces motifs naîtraient pour elle de l'augmentation ou d'un plus fort rapprochement de forces de nos voisins sur nos frontières, ce qui impliquerait de leur part le désir de nous attaquer, désir que nous préviendrions sur-le-champ, ne voulant pas ruiner le peuple pour demeurer en expectative des chances de paix ou de guerre.

Si nos pacifiques intentions n'eussent pas été favorablement écoutées, nous aurions eu immédiatement la guerre, et alors la nation eût conçu les sacrifices qu'on lui imposait. Dans le cas contraire, et c'était le seul probable dans la conflagration où étaient tous nos voisins, la paix était sûre et certaine, et, en ce cas, au lieu d'entretenir plus de 500 mille hommes, nous n'en aurions conservé, jusqu'au rétablissement du calme intérieur, que 300 mille. — Une nombreuse armée est la ruine des peuples et une menace toujours suspendue sur nos libertés. — En renvoyant 200 mille hommes chez eux, nous aurions rendu autant de familles heureuses, en épargnant plus de 150 millions. Je m'attends bien à entendre quelques cris épars; mais quand je m'occupe du tout, je passe sans m'arrêter aux criailleries de la fraction. Le grand fléau de ces temps modernes, c'est que l'entier a sans cesse été sacrifié à la partie, et de là nous viennent, en très grande partie, les 70 millions que nous coûtent en plus que sous Charles X, et peut-être plus de cent que sous l'Empire, tous les employés qu'un gouvernement bâtard et corrupteur avaient démesurément multipliés et augmentés dans leur salaire. Et, en réponse aux défenseurs d'un système si monstrueux qui trouve (qui s'en serait douté !) des défenseurs dans l'élite des faux républicains de toutes les dates, dis peuple, te trouves-tu plus paternellement administré que sous l'empire et la légitimité? La voie publique a-t-elle pour cela moins de voleurs, et en est-elle plus libre? Réponds pour moi, toi dont le clou aura laissé tomber la plaque de ta charrette? Toi, qui n'aura pas été assez prompt pour, à la côte cessante, enlever ton second ou troisième cheval, ou qui, peut-être, en auras été empêché par un besoin de la nature ? Toi, qui ne connais rien aux millimètres ni centimètres et dont le charron en aura laissé un seul aux moyeux de ta roue, de plus que les nouvelles prescriptions l'exigent? Toi enfin qui, arrivé sur] la grande route, t'apercevras à la vue des sbires des grands chemins que tu as laissé au logis ou perdu, en voyageant, ton congé ou ton passavant ? Réponds, est-ce que les 70 millions de plus qu'on te fait suer de toutes manières pour nourrir une foule de fainéants, de colonnes de café ou de coureurs de rues sont de trop ? Et pourrais-tu t'en plaindre à la vue de quelques-uns de tes frères à l'œil narguant et fier, à la face rebondie, à la mise recherchée ? O horreur !! Je voile ma face, je pleure de douleur en voyant tous nos prétendus grands hommes d'état, présents et passés, s'escrimer à défendre de telles abominations, et le peuple aller à eux, comme le chevreau se livre en bêlant au serpent qui l'attire pour le dévorer ! Peuple souverain!

Combien de temps encore te conviendra-t-il d'endurer ces vexations inconnues à nos pères esclaves !

Au lieu de la folle idée de racheter canaux et chemins de fer pour lesquels, si l'on consultait individuellement chacun de ce grand tout qu'on nomme peuple, les trois quarts au moins s'élèveraient contre canaux et chemins de fer, par où s'est écoulée et s'écoule encore une partie de la fortune de la France, et que trois jours d'émeute suffiraient à détruire, les abandonner à l'industrie privée sous la surveillance de l'état. Que de centaines de millions toutes ces extravagantes idées de nos habiles gouvernants de la monarchie, et de nos utopistes, soi-disant républicains, qui tiennent en ce jour le gouvernail, cela n'eût-il pas épargné et n'épargnerait-il pas encore à la nation ?

Qu'adviendrait-il de toutes ces résolutions? C'est qu'au lieu d'un budget de près de deux milliards, nous reviendrions au budget normal d'un milliard, contre lequel les hommes de l'opposition de ce temps ont tant vociféré à cause de son énormité, eux qui 15 ou 20 ans plus tard, arrivés au pouvoir, depuis déjà longtemps, devaient le porter à près de deux milliards. Misérables! s'ils avaient de la conscience et de l'honneur, qu'ils devraient avoir du remords et rougir de honte !

Alors, nous ferions pleuvoir sur ce bon peuple, jusqu'ici victime des folies de nos grands hommes d'état, les adoucissements à son sort; et il aurait béni la république quand il eût su que l'abolition des impôts sur le sel et les boissons était proclamée, que les villes allaient supprimer les droits d'octroi sur les choses indispensables à la vie, telles que vin, bois et viande, quand il aurait su que les lois de l'enregistrement allaient se modifier, non dans le sens du socialiste Goudchaud, mais bien comme tout homme honnête et juste doit l'entendre, c'est-à-dire, en supprimant, après plus de trente ans de paix, la décime de guerre; si nous continuons de vivre en paix, en admettant la distraction des charges, autres que celle de l'impôt, sans quoi, il arrive que le fisc prélève deux fois des droits successifs sur le même objet, une fois pour le père et une autre pour la mère, sans compter le prélèvement des droits sur des valeurs mensongères, puisque, souvent, les biens que laisse un père de famille ont, outre la reconnaissance de l'avoir maternel, des dettes pour le tiers, la moitié du restant, et qu'il faut payer comme s'ils étaient libres; en obligeant les receveurs de l'enregistrement à se contenter, pour l'évaluation des terres, des documents que leur fournit le cadastre, seul titre officiel. Avec ces modifications, qui ramèneront la moralité dans ces lois, le peuple ne sera plus exposé à toutes les avanies des agens de cette administration.

Ce fut un anathème exécrable proféré par un ministre des finances dans un moment de détresse, lorsqu'il dit de faire rendre à l'impôt tout ce qu'il était possible de lui faire rendre. S'il eût été aussi loyal que fiscal, il aurait dit de faire rendre, oui, mais sans extorsion, au lieu d'engager ses agens de pressurer le peuple, afin d'emplir le trésor et de crier à tue-tête que la nation était heureuse et contente, puisque les contributions indirectes allaient toujours prospérant. Prospérité factice et déloyale qu'un simple refus de banquet a dévoilé dans son hideux mensonge et qu'un trône a payé de sa chute !...

Si la république marche sur les mêmes errements des rois, la république, comme eux, reposera sur un volcan, et, comme eux, ce volcan l'emportera et ne s'apaisera que, n'importe sous quel régime, la France n'ait obtenu la moralité dans les lois qui la gouverneront, et l'abolition des lois fiscales que je viens d'énumérer.

En parlant de l'abolition des droits d'octroi, je dois m'attendre à ce que bien des personnes se diront qu'il faut de l'argent aux villes pour embellir, entretenir et quelquefois construire. Je ne le nie pas. Néanmoins, je réponds qu'il faut prendre cet argent nécessaire avec équité sur la masse qui compose la communauté; et, attendu que l'impôt, pour être impartial, doit être proportionnel au revenu, il est révoltant, pour une infinité de motifs, que tout le monde conçoit, qu'on prélève sur une famille d'ouvriers qui, tout en ayant moins, consomme proportionnellement plus de vin qu'une famille aisée, vivant à l'ombre, un droit égal à celle-ci. Donnez-nous, me dira-t-on, alors que vous avouez que les villes ont besoin d'argent un moyen de remplacer le produit des octrois? Eh bien ! le voici. Outre que ce que prélèvent les octrois, ne profite pas, de bien s'en faut, tout aux municipalités qui les établissent, il est, selon moi, bien facile d'obvier au vide que leur suppression entraînerait. Ce serait d'obtenir de la loi la faculté d'accroître de 30 à 50 c. p. 0[0, au profit de la ville à octroi, le montant des valeurs locatives qu'elle paie à l'état. En payant ce surcroît de taxe, 90 p. 0[0, on y gagnerait beaucoup, peu y perdraient, parce que tous s'indemniseraient de ce qu'ils payaient en droits d'octrois et que, par dessus le marché, ils acquerraient une précieuse liberté. On pourrait, d'ailleurs, pour atténuer cet impôt ou aider à faire face aux besoins de la ville, s'il était insuffisant, demander le pouvoir d'imposer tous les chiens de la ville, les billards et autres choses, s'il en était, qui ne pussent pas atteindre l'ouvrier; et puis, comme l'on dit, mettre de l'eau dans son vin, c'est-à-dire ne faire que des dépenses utiles. Ces moyens seraient équitables, simples et faciles, et d'un prélèvement peu dispendieux. C'est pourquoi, sans doute, on les rejette: ils pourraient faciliter les justes satisfactions qu'attendent nos frères malheureux. Citoyens que la fortune favorise ! ne criez pas contre ! car vous ne perdrez pas ou perdrez bien peu. Soyez tous convaincus que l'équité peut seule fermer l'arène des révolutions, procurer le repos du monde et assurer vos jouissances !

Que les méditations des hommes politiques cherchent à épurer l'arsenal de nos lois. Qu'ils n'y laissent aucune trace de ces dispositions tracassières, inquiétantes et vexantes pour les masses, comme sont, avec toutes celles que nous venons d'énumérer, les lois et ordonnances sur le roulage et la chasse.

DEUXIÈME MÉDITATION.

De la Présidence.

Peuple,

Le moment arrive où nous allons encore essayer de notre souveraineté ! Que veux-tu que fasse pour toi l'homme à qui tu vas en déléguer une partie si tu ne lui fais connaître tes maux et les adoucissements que tu entends qu'il y apporte? Ne laisse pas aux fous, aux méchants qui t'insinuent de vils sentiments de haine et de jalousie entre frères, pour s'élever sur ta colère et te précipiter plus bas encore dans l'abîme, le soin de manifester tes besoins? En te rendant aux comices, fais connaître ta volonté, puisque c'est ta volonté qui doit prédominer, et non celle de quelques-uns de nous. A ta voix solennelle et forte, tes représentants s'inclineront et consacreront législativement ce qu'elle proclamera. Dis donc bien haut, si ce sont là tes pensées, avec dignité et sans émeute, lorsqu'on est fort on n'a pas besoin de s'agiter avec fracas, plus de droits réunis; plus d'impôt sur le sel; plus de droits d'octroi. Révision des lois de l'enregistrement et du roulage, abolition de la loi sur la chasse; la paix ou la guerre; avec la guerre une nombreuse armée; avec la paix, honorable et digne, que tu veux et pour toi et les autres, peu de soldats, source féconde d'économie et de bonheur pour les populations rurales surtout; point d'entreprise par l'état de chemins de fer, de canaux, artères par où s'écoule le bienêtre de la France; plus dans les grandes cités de cette population errante et inoccupée qui n'a pas de moyens d'existence et qui manque à nos campagnes où, disséminée, elle ne pourrait rien, tandis que, agglomérée dans les villes, elle en est l'effroi et la terreur; parce qu'elle alimente toutes ces réunions imtempestives, où des avocats sans cause, des médecins sans malades s'étudient à la corrompre et à la jeter sur la société; la diminution des emplois civils et militaires; le salaire de tous les employés ramenés au taux où ils étaient sous l'empire ou la légitimité; mais, momentanément, jusqu'à ce que le budget, sans dépasser un milliard, ait atteint son équilibre, les réduire encore, selon l'importance du traitement, d'un dixième à la moitié; plus d'irresponsabilité des agens du pouvoir. A ces conditions-là, la république sera inébranlable et immortelle! Elle aura pour soutien tous les cœurs de ses enfants. Elle fera l'envie des peuples du continent; tandis que la république des Barbès, des Raspail, des Sobrier et consorts en fait l'épouvante! D'ailleurs, amis, cela n'est pas la république; c'est l'anarchie; c'est le poignard mis à la main d'un chacun de nous; c'est l'anthropophagie, peuple! Tout membre de la grande famille qui te dit que le champ de ton frère n'est pas le sien, bien qu'il l'ait acquis ou reçu de son père, de son oncle, etc. , n'est autre chose qu'un voleur échappé des bagnes ou qui doit y être; car il a là son peuple de frères.

Nous, habitants des champs, nous ne sommes pas savants, c'est vrai. Nous n'en avons pas moins l'instinct du bien, du juste. Cela nous suffit pour vomir loin de nous tout principe subversif de l'ordre, du respect que l'on doit à la religion, à la sainteté de la famille et à la propriété, bases éternelles et fondamentales de toutes sociétés. Nous savons aussi que hors de là il n'y a point de salut et que la terre s'abreuvera du sang humain.

Auquel de nous doit échoir le mandat de faire prévaloir la volonté de tous? Au plus digne, assurément. Et, dans cette occurrence délicate, Dieu nous montre celui qui est le plus selon son cœur; si la voix du peuple, ainsi que le dit l'Evangile, est la voix de Dieu, car, personne, que je sache, ne nous a soufflé le nom de Louis-Napoléon Bonaparte, et ce nom, cependant, se trouve dans tous les cœurs honnêtes, quels que soient les partis, les conditions auxquels ils appartiennent. Ce nom porte donc en soi la concorde, la conciliation entre tous les enfans du même pays. Plaise à Dieu qu'il réponde à sa destinée! Ne nous faisons pas pourtant d'illusions pour n'avoir pas plus tard de vains regrets. Son nom sorti victorieux de l'urne, tout n'est pas dit et fait, puisqu'à lui seul il ne peut faire le bien. Il faut qu'il soit secondé et appuyé par les représentants que nous nommerons. De là surgira pour nous tous le besoin de ne plus nous laisser illusionner par le charlatanisme plus ou moins expert des intrigants. En principe, nous devrions rejeter tous les citoyens qui briguent bassement nos suffrages, parce qu'ils ne les sollicitent, nous ne le voyons que trop, que dans leur propre intérêt et très peu pour le nôtre. Tout homme de bien, sincèrement dévoué à la chose publique, doit trembler à la vue d'un mandat tel que nous le donnons, obscur et illimité. Que l'exemple de Louis-Napoléon serve à tous. Est-ce qu'il brigue, lui? Les hommes du pouvoir, au contraire, font tout contre lui, et, néanmoins, il demeure impassible comme s'il n'était pas. C'est là l'image la plus vraie des grands hommes; ils attendent en silence que la main de Dieu les prenne et les élève. Raison de plus pour voler vers lui, et utile leçon qu'il donne à tous ceux qui désormais croiront avoir quelques droits à la confiance de leurs concitoyens. Mériter et attendre: telle doit être leur devise. Peuple, flétris l'intrigue de ton mépris, cherche le mérite et tu seras heureux ! N'imite pas les rois, si, comme eux, tu ne veux être mal servi !

Je finis en faisant des vœux pour que Louis-Napoléon soit le premier président de la République,

Parce que, de tous les candidats à la présidence, il me paraît le plus dévoué à la république honnête et modérée;

Parce que son nom, après celui de Dieu, est celui qui tient la première place dans le cœur du peuple, et qu'il sort sans effort de sa bouche;

Parce que, comme un astre brillant, il s'offre à la saine partie de la population pour la conduire dans sa voie, qui est celle de la justice pour tous, de l'union et de la paix;

Parce que, enfin, il porte le plus beau nom du monde, puissante garantie d'ordre et de sympathies des nations voisines, et qu'il ne voudra pas le ternir en déniant au peuple les soulagements qu'il attend de lui, en lui confiant son pouvoir.

Au Mey, commune de Barran, le 1er décembre 1848.

(La troisième Méditation, traitant les questions du droit au travail, du salaire et de l'exploitation de l'homme par l'homme, ne paraîtra pas encore).

QUATRIÈME MÉDITATION.

Peuple,

Au moment où je reprends la plume pour continuer de te soumettre mes réflexions, une idée toute personnelle me vient, coup sur coup, et me détourne de mon sujet. Elle m'a paru mériter t'être dite, dès que tu la connaîtras, tu jugeras après moi. La voici : n'est-ce pas que tu te dis, mais cet homme qui me parle, qui est-il et d'où vient-il? Son nom m'est inconnu, et, jusqu'ici, il n'a pas attiré mon attention J'avoue que cette idée-là m'a un peu ébranlé et qu'il a fallu que je reportasse mon esprit sur la liberté qu'ont tous les citoyens, indistinctement, grands ou petits, habiles ou ignorants, de manifester leur pensée pour secouer l'espèce d'interdit qu'elle a tenu, un instant, suspendu sur mon esprit. Mais, en passant outre, je me suis promis de t'ouvrir sincèrement mon cœur, à mon occasion, comme je le fais sur les sujets que je traite. Pourquoi, d'ailleurs, te tairais-je quelque chose, puisqu'à toi, pas plus qu'au gouvernement issu de ta volonté, je ne vous demande que d'être justes et probes ? Je vais donc répondre à la question que je suppose que tu t'adresses en toi-même. Qui est-il et d'où vient-il? D'où viens-je! Je viens d'une classe de laquelle on t'a dit bien des mensonges, sur laquelle on a excité, on continue encore d'exciter, quoique anéantie, ton courroux, et contre laquelle bien de tes pères ont été féroces et barbares. Cette classe n'était, quand elle existait, c'est-à-dire avant Louis XI, que l'élite de tes frères, chargée de veiller et de te défendre contre les exactions des rois. Comme toute chose créée, elle dégénéra : elle ne sut point résister à l'éclat des lambris dorés, aux caresses perfides de ses suzerains : aussi, se rendit-elle impropre à sa mission, et, par la suite des temps, mérita-t-elle de perdre la haute position qu'elle avait acquise sur ses frères. Mais, jamais, en aucun temps, elle ne mérita d'eux cette haine stupide, cette brutalité de tigre que montrèrent, en 92 et 93 cette horde d'assassins, enfants perdus du peuple, qui tenaient le timon de l'Etat et qui ruèrent sur elle tous les monstres à face humaine que la France nourrissait dans son sein. Lui enlever les priviléges qu'elle avait conquis en combattant victorieusement les Romains, puisque, aux mains de ses descendants, ils n'étaient plus qu'un lourd fardeau pour la nation, rien de plus raisonnable et de plus juste. 89 lui avait donc rendu pleine justice, et, comme elle n'était pas encore préparée à la recevoir et qu'elle lui fut octroyée sans transition, les utopistes de ce temps-là l'égarèrent, et de là vint que, à son mortel étonnement, elle confia sa destinée aux hommes pervers qui souillèrent à jamais, de leurs crimes, les pages ensanglantées de ces néfastes années. Dartigoyte, de funeste mémoire, tenait mon père, avec bien d'autres noms honorables, sous les verrous. L'infortuné Laroche de Barran, son ami, était dans le même cachot que lui quand on vint le prendre pour essayer la guillotine; ancien soldat, il s'offrit volontairement en holocauste le premier, sur quatre ou cinq qu'ils étaient à tirer le sort, pour savoir qui aurait les prémices des douceurs de ce proconsul. Voilà d'où je viens. Je suis donc le fils d'un de ces hommes honnêtes qu'on égorgeait sans d'autres motifs que celui d'être nés Pierre, au lieu d'êtres nés Paul; de ces hommes qui se laissaient prendre comme des agneaux dans la bergerie, comptant sur leur innocence, qu'on emprisonnait et dont les assassins, les Bastide, les Bancal d'alors, broyaient et buvaient le sang avec délices, comme le chat-huant savoure les souris qu'il dévore. Ainsi que bien d'autres, je dois la vie à un hasard providentiel, à l'arrestation d'un membre du tribunal révolutionnaire, porteur d'une liste de proscription de son ami Robespierre, sur laquelle figuraient les Barrère, les Collot-d'Herbois et bien d'autres membres de la Convention, ce qui excita la fureur de ceux-ci contre ce chef de cannibales qu'ils perdirent, et arrêta l'instrument fatal que tant de victimes sentaient déjà. Voilà donc qui je suis, et, malgré mon origine, ma vie a commencé et se continue à l'instar de celle de mes frères qui ont eu besoin de travailler pour vivre. Adolescent, enfant de bureau faisant des rôles et des matrices cadastrales; adulte, clerc de notaire, vivant du fruit des épargnes de mon enfance et du trayail de mes nuits; un peu plus tard, nommé percepteur sans mon assentiment et par l'influence d'un parent puissant, place que mes sentiments politiques, quoique pauvre et fort jeune alors, ne me permirent de garder que peu de temps, et que je n'eusse pas conservé encore si longtemps, si l'on eût voulu me faire remplacer lorsque je le demandais; homme fait, c'est-à-dire à 24 ans, devenant, par suite d'un funeste évènement, cultivateur et quasi-paysan, car je compte plus de 25 ans de cette rude vie... Un secret pressentiment, fruit de l'injustice de nos gouvernants, me tenait comme assuré que l'arène des révolutions se rouvrirait encore: de là vint mon goût invincible pour le célibat malgré la tentation de riches partis. Célibataire à cinquante ans, travaillant dès l'âge de 15 ans avec ardeur à me créer une existence passable pour mes vieux jours, je crois être près du bord. Néanmoins, pour adoucir l'amertume de ma vieillesse et le veuvage de ma vie, je prodigue mes soins aussi tendres que ceux du père le plus aimant à deux orphelins sans lieu et sans asile dans ce monde, où ils n'ont que mon cœur et ma bonté pour eux qui, par exemple, ne leur failliront jamais, car ils sont nés tels qu'on ne peut les voir sans les aimer, les connaître sans admirer l'effusion de leur cœur. Philosophes impitoyables! Socialistes sans entrailles! Si vous saviez combien il est doux d'aimer et d'être aimé de ces cœurs enfantins, oh! que vous regretteriez les pages qui renferment vos maximes inhumaines! — Peuple, tu me connais actuellement. Né de père et mère nobles, je n'aime de la noblesse que les sentiments qui l'élèvent, que la justice qui l'anime, que le bonheur de ses semblables qui l'inspire. Hors de là, je méprise tout le reste, et toi, ne reconnais pour nobles que ceux de tes frères que de telles passions agitent. Né noble, j'aime peu les rois, si fait pourtant le sage Louis IX, le juste Louis XII, le bon Henri IV! Pourquoi pas les autres? Parce que la plupart d'entr'eux ont perverti les peuples en leur refusant ce qu'ils étaient en droit d'attendre d'eux; parcequ'ils ont cru que les peuples étaient faits pour eux et non eux pour les peuples, maxime impie d'où sont peu à peu découlés tous les maux qui nous assiégent: parceque, rois fainéants, bergers d'un nombreux troupeau, ils ne voyaient, ne connaissaient les maux de leurs sujets, le dépérissement de leurs brebis que par les yeux et la bouche des ambitieux, des intrigants, qu'entourés de bergers en sous ordre, intéressés à leur taire la vérité, et qui, tous, rayonnaient autour d'eux, lambrissés d'or et d'argent, vivant dans des palais somptueux, gorgés de richesses fruit de leurs exactions. S'ils eussent vu par eux-mêmes, pâtres déguisés, allant de bergerie en bergerie, visitant les plus pauvres du troupeau, ils auraient appris combien, dans les villes, les droits d'octroi sur les choses les plus nécessaires à la vie en mécontentaient les habitants; combien, dans les campagnes, ces lois soufflées par le génie de l'enfer attiraient sur eux de malédictions, d'imprécations! S'ils eussent visité par temps leur troupeau, ils auraient appris enfin de combien d'iniquités on les accablait, et alors, alors ils auraient, en remontant sur leur trône, animés d'une sainte indignation, si non fait pendre, du moins chasser ignominieusement les hommes effrontés qui ne faisaient parader leur esprit devant eux que pour mieux les endormir sur les souffrances de leurs sujets dont ils les rendaient les auteurs innocents. L'homme que ses semblables élève au-dessus d'eux pour veiller à leur salut doit être vigilant et actif et ne connaître que la justice. S'il ne sait rien être de tout cela, il n'est plus qu'un usurpateur que la colère du peuple chasse indignement et avec raison.

Cultivateurs, ouvriers honnêtes et laborieux! qui que vous soyez, enfin, pauvres victimes des maux que je déplore, à qui le hasard mettra cette brochure entre les mains, suspendez un instant votre injuste défiance contre la classe d'où je viens, et n'admettez pas aveuglément les malveillantes suggestions que de venimeux serpents déversent sur elle! Dites-vous, autre temps : autre mœurs! Et de même que les eaux de nos rivières ne reflueront jamais vers leurs sources , de même aussi les priviléges de la noblesse ne pèseront plus sur la France, où il n'est pas un de ses descendans qui ne les rejetât avec horreur et effroi. Secouez donc les illusions de vos craintes! car un jour, un jour, sans nul doute, viendra où vous serez à la recherche de la vertu et de l'honneur et où vous vous trouverez las et accablés de l'empirisme qui nous domine ; alors vous montrerez autant d'empresement à découvrir les quelques rejetons épars parmi vous de ces antiques familles que vous en mettez, aujourd'hui, à applaudir ceux qui ne peuvent les envisager sans trouble, parce qu'ils sont, peut-être, les fils, les neveux de ceux qui ont inondé la terre du sang de leurs pères. Une nation qui n'abhorre pas le crime et ne s'attache pas au mérite doit périr et périra, comme firent les Romains dont nous n'égalerons jamais la splendeur, la gloire ni la puissance.... Arrêtez un moment vos regards sur ce qui se passe autour de vous! Jugez, comparez! Dites, où trouvez vous la bonté, la charité fraternelle, l'accueil simple et facile, la fidelité à sa parole, à ses engagements? Où voyez-vous la sotte fierté, l'infatuation de soi-même, la morgue, l'accès froid et dédaigneux, le mépris des marchés tête à tête, l'usure honorée, l'ouvrier trompé, l'honneur, l'estime sacrifiés à la vile ambition d'entasser, quand même, or sur or? Répondez? Est-ce parmi les descendants de l'antique noblesse, parmi les anciens riches, ou parmi les riches de date récente, ceux que vous appelez les nouveaux parvenus, que vous rencontrez, le plus souvent, les vices ou les qualités que j'énumère? Ouvriers de tout genre, vous seuls qui vivez et traitez avec tous, résolvez la question; moi, je m'abstiens, et c'est mon devoir.

Peuple, tu sais maintenant qui je suis, d'où je viens, et ce que je pense des temps passés; si tu as la patience de me lire jusqu'au bout, tu sauras aussi, en partie, ce que je pense du temps présent : pour cela, entrons ensemble, sans crainte, sans méfiance l'un de l'autre, dans ce dédale qu'on appelle le gouvernement, et plantons quelques jalons avant de nous y aventurer, afin d'en sortir sans difficulté. Nos jalons, si tu le veux, seront la vérité et l'impartialité. Fions-nous à leurs inspirations et nous ne nous égarerons pas.

Par un sentiment de générosité, n'abordons pas, aujourd'hui que la lutte de la Présidence nous a donné une victoire éclatante sur la Montagne, les propositions de son programme, bien qu'il renferme tout ce que nous demandons nous-mêmes, mais où ce qui est juste et rationnel se trouve noyé dans une foule d'impossibilités telles, par exemple, que le rachat par l'Etat des chemins de fer, des canaux, des usines qui sont en France, de la guerre à porter partout où les souverains ne se laisseront pas détrôner, et, sans doute, exiler sans résistance ; disons seulement de ce programme qui, à lui seul, dévorerait les ressources de deux pays aussi puissants que la France, qu'avec lui il serait puéril de fonder le moindre espoir de soulagement et de compter tarir les sources impures qui coopèrent à féconder le trésor. Citoyens, un secret pressentiment vous a dit que c'était là un leurre à l'aide duquel on sollicitait vos suffrages, et vous avez été divinement inspirés en rejetant le candidat des montagnards à la présidence de la République. En effet, il est impossible de faire concorder, simultanément, la diminution des recettes avec l'augmentation des charges publiques; on ne le pourrait qu'avec le système de Barbès, Sobrier et consorts; c'est-à-dire, par la confiscation de tout l'argent de la France qu'ils eussent faite à leur profit, et la création à volonté du papier-monnaie : la conséquence de tout cela eût été la loi des

suspects, la guerre civile, la banqueroute de l'Etat et des particu-
liers, la guerre avec l'Europe, la conquête et le partage peut-être
de la France, ou tout au moins un salutaire despotisme.

Abandonnons donc cette secte à son isolement, à ses rêves insen-
sés, et montrons que nous-mêmes nous ne sommes pas des utopistes en insistant sur ce que nous demandons, et prouvons combien il serait facile à un gouvernement vraiment populaire de nous
donner satisfaction, sinon pour le tout dans le moment, du moins
pour la plupart de nos plaintes. En première ligne, nous deman-
dions, dans le manifeste du peuple qui a paru le mois de mars
dernier, l'abolition de l'impôt sur le sel, et, sans cesse, l'on nous
répond que les nécessités du trésor s'y opposent. C'est ainsi que,
tour à tour, nons voyons tous les hommes éminens du pays qui
se sont élevés avec nous contre cet odieux impôt, nous opposer,
dès qu'ils sont au pouvoir, les mêmes fins de non-recevoir. Eh
bien! à ces éternelles déviations de principes, le peuple va, par ma
bouche, répondre péremptoirement à ces hommes du fisc : vous
prétendez que les soixante millions que produit cet arbre du trésor
sont indispensables dans votre caisse aux abois ; moi, je vous dis
qu'il est facile d'y obvier, et, pour cela, je vous invite à ouvrir le
dernier budget de la légitimité; comparez, ce document en main,
cela vous est bien facile à vous, et pas trop à moi, ce que vous coûte
l'administration d'aujourd'hui d'avec ce que coûtait l'administration
d'alors? Et si le peuple, dans sa munificence, alloue pour son
administration ce qu'on prélevait sur lui pour elle sous le dernier
Roi légitime, qui que vous soyez qui vous plaindrez, esprits éminents ou obtus, vous n'êtes pas dignes d'administrer en son nom
la République. Le peuple ne veut donc pas de vos raisons; il sait
que toute les mauvaises causes n'ont jamais manqué de sophistes
pour les défendre; mais prenez garde qu'il ne secoue ses épaules
et qu'il ne vous brise comme un verre! Encore si, avant d'alléguer
de si frivoles motifs, vous aviez détruit tous les abus, nous prête-
rions l'oreille à vos discours. Loin de là, dès qu'un représentant
parle de baisser le salaire des agens de l'Etat ou d'en diminuer
le nombre, vite, vous tous qui avez manié le pouvoir et que, sans
nul doute, vous avez peuplé des vôtres ou qui espérez le reprendre,
vous criez contre l'énormité de ces propositions et vous vous apitoyez

sur le sort de ces pauvres employés. Toutefois, il n'en demeure pas moins établi pour le peuple que, sans troubler l'harmonie de la machine administrative, on peut lui donner satisfaction sur ce point en la dégageant seulement d'engrenages inutiles et superflus.

Frères, je m'adresse à ceux de vous qui alimentez le trésor sans y puiser. Que peut-on objecter de plausible à mes assertions qui, si elles dominaient, allégeraient votre fardeau sans réduire la fortune de l'Etat? Rien, absolument rien. Il en sera de même, je l'espère, des moyens que j'offrirais pour vous affranchir des autres charges dont vous demandez en vain qu'on vous délivre. N'allez pas croire, pourtant, que mes principes passent sans trouver bien de détracteurs; s'ils venaient à prévaloir, ils troubleraient trop de jouissances pour ne pas vous attendre à voir tomber sur eux une infinité d'insinuations perfides. Voyez la source d'où elles émanent, et si vous daignez vous enquérir, il ne vous sera pas difficile de découvrir qu'elle prend sa naissance au budget. Personne autre ne murmurera contre, parce que nous sommes tous intéressés à n'employer pour faire voguer le vaisseau de l'Etat que le moins de rameurs possible.

Mais, ma plume sera-t-elle assez bien taillée pour captiver si longtemps votre attention? Je le désirerais bien, non pour ma vaine gloire d'écrivain, à laquelle je ne prétends pas, mais bien pour que vous pussiez juger, apprécier mes pensées gouvernementales et réformatrices. Ne regardez pas à l'écorce de l'arbre, voyez le fruit. Dites-vous, du reste : Dieu n'a-t-il pas pris ses premiers apôtres parmi des gens de professions vulgaires ? Souvent, ne sont-ce pas des hommes sans renom d'où nous viennent les plus belles découvertes ? Qui sait donc si, semblable au médecin dont la langue rend mal la pensée, mais dont le regard perçant va découvrir dans les entrailles du malade la cause de son mal et la détruit, je ne vous signalerais pas le spécifique à l'aide duquel vous détruirez le ver rongeur qui vous dévore, et qui produit les vives convulsions qui vous agitent et ébranlent le monde.

Nos antagonistes disent souvent qu'il est très facile de démolir, et tout aussi difficile d'édifier. J'avoue que jusqu'ici ils ont raison, car, jusqu'à présent, à la destruction d'un abus on a voulu en substituer un plus grand. J'impute cette stérilité de moyens à l'arrière-pensée que les assaillants avaient d'en profiter un jour. Nous, du fond de notre retraite obscure, nous ne procèderons pas ainsi. C'est la hache fraîchement aiguisée à la main que nous allons agir contre ce grand arbre, sous les branches duquel s'ombragent tant d'iniquités pour la grande famille. Nos coups porteront indistinctement sur tout ce qui nous paraîtra injuste et mal établi. Cela dit, nous admettons en principe qu'il n'est pas possible de vivre en société sans un gouvernement chargé de veiller pour elle à sa sûreté intérieure et extérieure. Mais, quelle forme empruntera ce gouvernement? Celle, sans contredit, qui conviendra le mieux à la société dont il émane. La forme, au fond, importe peu à son bonheur, parce qu'elle sera toujours assez forte pour renverser celle qui le lui déniera. Le gouvernement républicain est celui qui convient le mieux à une nation, si elle est juste, sage, éclairée, vertueuse et désintéressée; comme aussi, il en serait le fléau, si, au lieu de ces qualités, elle se passionnait pour le pouvoir et les richesses, si elle était dominée par l'orgueil, l'envie, l'égoïsme, l'exaltation de soi-même et le mépris de ses semblables. Mieux vaudrait cent fois, en ce cas, pour la masse du peuple qui, malgré sa souveraineté, ne pourrait trouver que le mal, tout en cherchant le bien, sa surface étant presque en entier gâtée, le gouvernement absolu d'un seul, qui, comme Philippe-Auguste, oserait déposer son diadème sur l'autel de la patrie, en offrant de le céder à celui des Français qui se croirait plus digne que lui de le porter, ou qui, de même que le vertueux Louis IX, serait si sûr de l'amour de son peuple, que, sans nul apparât, ainsi qu'un simple particulier entouré d'un petit nombre d'amis, ne craindrait pas de se dérober à l'importunité des grandeurs et irait, sous l'arbre de Vincennes, donner audience à tous ceux qui auraient quelques grâces à solliciter de lui ou quelques plaintes à lui faire entendre; ou qui encore, semblable à Louis XII, préférerait entendre les plaintes de ses courtisans sur son avarice que de voir ses sujets pleurer de sa prodigalité. Aussi, ces modèles des rois furent-ils adorés des Français qui donnèrent au dernier, qu'ils pleurèrent à sa mort comme un fils gémit et pleure sur la perte d'un bon père, le glorieux surnom de père du peuple. L'histoire me fournirait encore de nombreux exemples de rois, sans parler même d'Henri IV, remplissant dignement leur mission. Les auteurs pervers n'en ont tiré que la vie des monarques, la honte de l'humanité, comme si elle n'offrait pas aussi l'exemple de Républiques ayant dépassé leurs infamies.

Quoi qu'il en soit, le judicieux usage que, dans son élection du président de la République, la nation vient de faire de sa souveraineté, prouve que, pour elle, elle a les vertus républicaines; mais il est à craindre que ce soit à ses hommes éminents à qui elles manquent. L'expérience nous le dira un peu plus tard.—Puisqu'il est indispensable à un peuple d'avoir un gouvernement, il ne peut l'avoir, quel qu'en soit d'ailleurs le système, sans s'imposer des sacrifices d'argent. Par quels impôts prélèvera-t-on cet argent? Telle est toute la difficulté. Certes, notre intention n'étant pas de faire ici un traité d'économie sociale, mais de démontrer seulement que l'on peut, tout en accordant à l'Etat les ressources nécessaires pour suffire à ses besoins réels, faire disparaître de nos lois fiscales celles qui, le plus, irritent les populations auxquelles un pouvoir issu d'elles doit s'attacher à donner satisfaction, s'il veut vivre et éloigner pour toujours de notre pays ces convulsions terribles, l'effroi du genre humain. Si je ne me trompe, je crois que, si l'on eût fait quelques efforts dans ce sens, on serait arrivé à la suppression de ces lois, et tous, grands et petits, ceux pourtant exceptés à qui elles créent une position avantageuse, en eussent ressenti un vif contentement. Mais, dit-on, comment voulez-vous réduire les recettes du budget de plus de 200 millions sans exposer l'Etat à faire banqueroute? C'est là la grande et, à ce qu'il paraît, l'insurmontable difficulté pour nos hommes d'Etat. Eh bien ! que le bon sens du peuple leur vienne en aide, et que la lumière leur arrive d'un cultivateur dont la société la plus habituelle sont les oiseaux des bois.

Tout le monde conviendra avec moi qu'il y a deux manières de faire de l'argent. La première, c'est de ne pas se livrer à des prodigalités, à des dépenses superflues et qui ne profitent pas à la nation entière. Ainsi sont les canaux, les chemins de fer, qui coûtent à tous les contribuables et qui ne profitent qu'à quelques-uns, première iniquité pour laquelle le peuple français supporte ou a supporté des charges énormes, et qu'on ne peut évaluer, même aujourd'hui, à moins de 60 à 80 millions par an. Si l'on abandonnait ces entreprises à l'industrie privée, sans nul secours de l'Etat, avec des clauses seulement assez avantageuses pour les compagnies, ce serait tout comme si nous recouvrions les 80 millions qu'ils nous coûtent, puisque nous les aurions à dépenser en moins. Je ne reviendrai pas sur l'économie que le gouvernement peut faire en prenant pour base du traitement et du nombre de ses agents celle du dernier budget de la légitimité. Il est avéré pour tous que la France, en ce temps-là, était administrée et trop gouvernée, puisque l'on bannit pour ses méfaits son dernier roi. Et cependant, en s'en référant à ce que coûtait l'administration d'alors, on n'économisera pas moins de 65 millions.

Par des moyens simples, raisonnables et naturels, on voit que nous arrivons, en dépensant moins, à une économie qui, sans exagération, s'élèvera à plus de 120 millions. C'est donc tout comme si nous faisions recette de pareille somme. Soit, me diront en ricanant les maîtres du fisc. Mais, où prendrez-vous les 100 et quelques millions qui nous manqueront si vous supprimez les droits réunis pour les liquides, ce qui nous fournit 115 à 120 millions, l'impôt du sel qui en rapporte 60 ? Si vous faites dans votre sens la révision des droits successifs et si vous supprimez le décime de guerre, ce qui réduira (n'ayant aucun document en main, je ne puis, même approximativement, indiquer un chifffre), je suppose, de 80 millions le produit de cette branche de revenu. En total, vous occasionneriez un déficit de 255 millions, et vous n'en avez retrouvé que 120.

Le découvert serait donc encore de 135 millions. Où prendrez-vous, me diront-ils vaniteusement, cette énorme somme dont nous avons absolument besoin ? Où la prendrai-je ? En vérité, il ne faut pas un grand effort d'imaginative pour la trouver lorsque l'on a pour culte la justice. Peu nient, si tous ne l'avouent pas, qu'il ne soit souverainement inique que l'argent jouisse du privilége absurde de ne payer aucun impôt. Cependant, tous nos gouvernants ont échoué pour trouver un moyen de l'atteindre sans rien laisser à l'arbitraire et sans que l'impôt rejaillisse, en définitive, sur l'emprunteur. Et pourtant il me semble, à moi, qu'il est une voie facile d'arriver au but sans aggraver la charge du débiteur, et je dois à mon pays de le lui dire. En vérité, j'ai honte d'avoir l'air de me donner ici le titre d'inventeur, tant la chose est simple et praticable. Il ne m'a pas fallu, je le confesse hautement, un grand effort de génie pour la découvrir. Aussi, me suis-je dit à moi-même que, si on ne l'a jamais mise en pratique, c'est plus à la mauvaise volonté des hommes d'Etat qui nous ont gouvernés jusqu'à ce jour, et qui, pour les trois quarts, ont de fortes sommes placées ou sur l'Etat, ou sur les particuliers, que le peuple doit d'avoir vu, depuis tant et tant d'années, ce monstrueux privilége de l'argent ne payant rien, quand tout, autour de lui, gémit sous le poids des charges et des vexations de toute sorte. Ma méthode, en ne laissant pas la moindre prise au caprice de l'administration financière ou municipale, atteindra généralement tous les capitaux placés, à deux ou trois millions près. La voici dans toute sa nudité : Soit qu'il y ait de placé en France environ 16 milliards, peut-être y en a-t-il plus, peut-être y en a-t-il moins, qui oserait préciser dans l'état des choses, alors que l'on est dépourvu de tout document, et qu'il est constant qu'il y a plus d'argent placé sous signature privée qu'autrement? Si, sur les 800 millions de revenu que rapportent ces 16 milliards supposés placés, on frappait un impôt, non pas exorbitant, mais égal à celui que supporte le revenu foncier, c'est-à-dire le 6e, 7e ou 8e, on aurait une recette facile et sans dégrèvement de 100 millions au moins. Rien de plus aisé que de s'assurer, sans recourir ni aux appréciations de fortune, toujours arbitraires, ni à l'emploi de moyens dispendieux pour l'Etat et vexants pour le citoyen, de la masse de l'argent placé. Un seul article de loi me suffirait pour lever, aplanir toutes les difficultés; Un autre pour mettre ceux qui ont besoin d'emprunter à l'abri de l'usure. Le premier devrait porter que, à partir du jour de la loi, un registre serait ouvert dans chaque perception où toutes personnes de cette perception qui placeront désormais ou qui auront de l'argent placé, soit sur l'Etat, soit sur les particuliers, par actes publics ou autrement, seront tenues d'en venir faire la déclaration avec l'intérêt y afférant et le nom du débiteur. Faute par elles d'avoir fait, dans les deux jours du placement, s'il n'est fait que pour un mois ou un moindre terme, et dans le mois, s'il est fait pour un temps plus long, ladite déclaration, tous les titres sous seing-privé qui n'auront pas reçu cette formalité gratuite, constatée par le visa du percepteur, ne pourront donner aucune prise en justice contre le débiteur qui sera libre, en ce cas, de payer ou ne pas payer son créancier. La déclaration des placements antérieurs à la loi sera faite dans le mois de sa promulgation. — Ce registre tenu gratuitement ne pourra, dans aucun cas, sous peine de destitution, être communiqué à l'administration des domaines qui ne pourra jamais se prévaloir de son contenu. Les créanciers sur l'Etat ou par actes publics, qui ne feraient point de déclarations ou en feraient de déloyales, seraient passibles d'une amende d'un p. 0|0 en sus de l'impôt. — Le deuxième article porterait que tout prélèvement d'intérêt au-dessus du taux légal donnerait droit à la remise de la moitié des intérêts en faveur du débiteur lésé. Que peut-on objecter de sérieux sur ce mode si simple et si facile? Rien, ou comme rien; car, la considération que par ce moyen on connaîtrait à fond la position de chaque famille ne saurait être un obstacle. Au contraire, j'y vois un grand avantage pour la société. On ne la verrait plus, comme dans le moment, affligée de ces scandaleuses banqueroutes. Le créancier, pouvant toujours s'assurer des garanties de son emprunteur, n'aventurerait pas son argent, et l'homme solvable trouverait, à un taux raisonnable, l'argent nécessaire à ses besoins. Pour ce qui est de la position du créancier, et sur laquelle peut-être on trouvera à redire, à toutes les objections je ne répondrai que ceci : Est-ce que la société doit garantir les intérêts de qui ne veut point participer à ses charges proportionnellement à ses revenus ?

Si l'on procédait ainsi, avant deux mois, après la loi, on connaîtrait le revenu mobilier et la ressource qu'il offrirait. Son tribut suivrait la progression de celui du revenu foncier; et après deux ou trois années de calme partout, à l'intérieur et à l'extérieur, et un bon gouvernement, ils finiraient sous peu, après avoir ramené l'équité dans le prélèvement de l'impôt et l'équilibre dans le budget, par n'avoir l'un et l'autre qu'un dixième à payer.

Mais, ajoutera-t-on, il vous manque encore 35 millions ; où donc les prendrez-vous ? Où les prendrai-je ? Certes, le voici : D'abord, en demandant l'abolition entière des droits réunis sur le produit de la vigne, cidres ou autres boissons saines, à l'usage des provinces. Je n'ai pas entendu affranchir du paiement de tous droits pour la

vente de ces produits les débitants, cafetiers et aubergistes ; j'ai
voulu, pas davantage, les soustraire à cet assujétissement, aux visites
domiciliaires, leur procurer la même liberté pour leur négoce que
s'ils n'étaient que de simples artisans, et diminuer de beaucoup
ce que cette administration prélevait sur eux. Pour atteindre mon
but, je simplifierais les moyens de prélèvement, et je n'emploierais
que le percepteur. Ainsi, l'aubergiste, le cafetier, le liquoriste, le dé-
bitant, etc., ne verraient plus d'exercice d'après mon système, mais
ils paieraient une patente de la moitié de ce qu'ils donnaient tous
les ans au trésor par le canal de la régie. Aucun d'eux ne se plaindrait, et de la sorte, nous prélèverions bien 20 millions sur les 145
qu'on recevrait différemment. Reste encore à enfanter 15 millions
et nous avons des ressources pour donner naissance à plus de
30.

Si je jette un regard sur la masse de la société française, qu'y
vois-je ? J'y trouve le maçon, le cordonnier, le tisserand, le charron,
l'épicier, tous les états utiles, enfin, et peu revenants, ceux qui ne
font aller ni en voiture, ni marcher sur des parquets cirés, soumis
à une patente, et souvent très forte. Si, au contraire, je porte mes
regards un peu plus haut, et que je demande au passant qui che-
mine avec moi, à qui est cette voiture qui vient de nous écla-
bousser, cette belle maison de campagne qui attire mes regards ?
Mon interlocuteur me répond, mais à M. un tel l'avocat, un tel
l'avoué, un tel le receveur général, le directeur des domaines, etc.
Ah ! ah ! dis-je à mon tour et sans malice, ces Messieurs sont
bien, très bien logés ; soit qu'ils courent ou qu'ils restent. — Le
malheur, c'est que mon compagnon de voyage s'écrie : Oui, c'est
bien ! Ce qui est mal, c'est que moi, pauvre charron, à qui mon
état rapporte à peine une valeur de 30 sous par jour, je paie, sur
le fruit de ce travail, qui encore chôme bien des jours dans l'année,
une patente qui, avec tous ses ressortissants, s'élève à près de
10 francs, et que ces Messieurs, qui gagnent souvent plus en un
jour que moi en un an, ne paient rien. Que répliquer à cette
plainte amère de mon camarade, si ce n'est qu'elle est plus que
juste ? Néanmoins, l'idée m'est venue de lui demander qui, dans
son village, qui, dans la ville, crie le plus fort contre l'aristocratie
défunte depuis près de soixante ans ? Eh ! monsieur, m'a-t-il dit,

le chirurgien, le médecin, et dans la ville, avec eux, bien des avocats, des avoués, des magistrats et gens en place. — Oh ! oh ! tu m'étonnes ! Sais-tu pourquoi ces Messieurs tapagent tant contre ce qui n'est ni ne reviendra plus ? Tu n'y as certainement pas pensé. C'est qu'en France, il n'y a qu'eux de privilégiés, et que, de peur qu'on s'en aperçoive, ils rapportent sans cesse ton esprit et celui du peuple sur une aristocratie éteinte, pour voiler tes yeux sur celle qui s'étale effrontément devant toi. Les aristocrates sont ceux qui jouissent de quelques immunités ; il ne saurait en y avoir d'autres ; et, puisque tu paies une patente pour ta modeste profession, tous ceux qui, comme toi, exercent un état lucratif doivent une patente proportionnelle, sans quoi, ils jouissent d'un privilége énorme, et l'égalité devant la loi, mise au fronton de tous nos monuments, voile sa face et n'est plus qu'une lettre morte. Pour n'avoir plus sur la terre de France d'aristocratie, que doit-on faire ? Imposer toutes les industries, indistinctement, proportionnellement. Si donc un pauvre charron, sur un revenu approximatif de 36 francs par mois et de 432 fr. par an, paie une patente de 10 francs, pourquoi un avocat, un receveur-général, un directeur des contributions directes, etc., qui gagnent vingt fois autant, ne paieraient-ils pas 200 fr., et ainsi de toutes les professions, soit qu'elles fussent à gages fixes ou non ? Pour ces dernières, de même que pour le maçon, le cordonnier, j'établirais plusieurs classes, afin d'atteindre le plus possible la vérité, et ne pas faire payer qui gagne peu. Le salaire de tous les agents, actifs et passifs de l'Etat, les militaires excepté, s'élève peut-être à plus de 300 millions. L'impôt à prélever sur eux, eu égard à celui du charron, serait d'un 43e et donnerait près de 7 millions. Bien certainement, ce ne serait pas trop présumer que de supputer à 6 millions celui à établir sur tous les états productifs qui n'en paient pas aujourd'hui.

Il me manquait 115 millions pour combler le déficit que mes salutaires réformes causaient au trésor. Nous venons d'en trouver, au moins dix, d'incontestables. Il ne nous reste donc plus que cinq millions à découvrir, et nous allons les dénicher sans beaucoup d'efforts.

La France est affranchie d'impôts somptuaires et le peuple, avec raison, s'en plaint. Est-il donc si difficile d'asseoir une taxe semiblable, sans porter atteinte à aucune industrie, et sans trop chagriner les personnes qu'elle frappera? Notre impôt sur le luxe n'atteindrait que la matière vraiment saisissable et qui ne laisse rien aux conjectures. C'est ainsi que, dans mes vues, il n'y aurait de susceptible de cet impôt que les chevaux, les voitures de luxe, et généralement tout ce qui, de ces deux choses, ne serait pas nécessaire à l'agriculture, au roulage, ni à des industries telles que messageries, voitures publiques ou autres, frappées déjà de quelques droits. Suivant toujours mon système de modération en impôts, le seul productif, je ne mettrais sur ces divers articles qu'une légère contribution, à savoir : six francs par cheval de selle, seize francs pour toute voiture non suspendue, vingt francs pour celles suspendues et à deux roues, quel qu'en fût le genre, trente francs pour celles suspendues et à quatre roues, ces diverses voitures n'étant traînées que par un cheval; soixante francs pour toutes voitures suspendues et à quatre roues, traînées par deux chevaux. Tout cheval, en sus de deux, mis à une voiture, paierait chacun un droit de quatre-vingts francs. Dans aucun cas, un cheval servant pour la selle et le trait ne paierait que le droit afférent à la voiture qu'il traînerait, la voiture et lui demeurant confondus dans la même taxe. Je crois rester en dessous de la vérité, en n'admettant pour ces divers articles qu'une recette de 20 millions. Au surplus, deux mois suffiraient pour un recensement général, et pour savoir d'une manière précise ce qu'on devrait attendre de cet impôt qui, je le répète, modéré, ne nuira jamais à aucune industrie et produira, par la suppression des droits réunis et de l'impôt sur le sel, un avantage immense à ceux qui le supporteront, car les 90 0[0 de ceux-là consomment plus d'une mine de sel et mettent dans leur cellier plus de cent hectolitres de vin. Honnis donc soient à jamais les Caïns qui, jaloux des bienfaits que recueilleraient avec eux les plus malheureux de nos frères par l'abandon de ces lois draconiennes, oseraient s'en plaindre, parce que eux seuls paieraient deux quand, de concert avec les pauvres, ils payaient quatre.

Me voilà arrivé, et au-delà, sans employer rien d'exorbitant ni d'injuste, à couvrir le déficit que mes réformes apporteraient au trésor. Quel est le gouvernement qui, en les acceptant, ne s'attirerait pas les bénédictions des peuples, et qui ne fût inébranlable?

Oh ! que les rois ont été sots d'aller puiser leurs inspirations dans le génie du mal qui, en ébranlant leur pays, les conduisait sur la route de l'exil, alors qu'eux-mêmes n'avaient qu'à tirer le rideau pour voir où était leur bonheur et celui de leurs sujets. Tremblez, républicains de toutes les dates, si vous continuez de marcher sur les mêmes errements qu'eux, d'ouvrir les deux battants de la porte à l'empire ! Car, la nation ne sait plus à quel saint se vouer, dans le découragement profond où des...... l'ont plongée.

Dans le cours de cet ouvrage, j'ai traité la question des octrois et celle de la révision de quelques lois de l'enregistrement. Je n'y reviendrai pas. J'y renvoie mon lecteur. En suivant pas à pas mon manifeste du peuple, du 26 février dernier, j'y lis la demande du renvoi de la très grande partie des employés amovibles, et j'y trouve quelques-uns de mes motifs. Outre ceux que j'y indiquais, il y en avait un de péremptoire qui n'avait pas besoin alors de s'exprimer. C'est qu'à cette époque, aucun d'eux n'ayant aucun titre à la reconnaissance du pouvoir nouveau, l'antidote de ce qui était avant, et peu ayant le temps voulu de service pour l'obtention de la retraite, on pouvait tous les renvoyer, ou, tout au moins, ne les conserver qu'en leur signifiant que, si la République daignait les prendre à son service, c'était à la condition que, nonobstant les retenues faites sur eux jusqu'à ce jour, elle ne reconnaissait à aucun employé civil de droit à une pension de retraite pour l'avenir. Mon intention n'ayant jamais été de donner à la loi un effet rétroactif, aussi, ceux qui, au 28 février, étaient déjà retraités ou avaient le temps de service voulu pour l'être, à ceux-là j'eusse accordé le bénéfice de la loi monarchique. Mais, à tous les autres, ne s'en fût-il manqué que d'un jour, je les en aurais privés en usant de mon droit de les révoquer. Si l'on eût procédé de la sorte, avant peu la France eût été guérie de cette lèpre administrative, et l'économie qui en fût résultée n'était peut-être pas à dédaigner. Il n'y a qu'un cas où je tolérerais ces pensions; c'est celui où la masse des retenues suffirait à leur entretien. Je persiste donc, de plus fort que jamais, sur tous les principes que l'on trouvera exprimés dans ce premier écrit; j'y persiste d'autant plus que, dans aucun temps, nous n'avons eu besoin de plus d'économies, et que, de même que les eaux qui font déborder nos rivières tombent goutte à goutte du ciel, de même aussi le budget de l'état s'allégera sensiblement, si on le dégrève du nombre infini de priviléges coûteux qui l'épuisent.

Frères! avec moi, vous venez de voir que l'on peut vous donner raison sur tout ce qui précède, sans amoindrir les ressources de la France. Nous avons donc eu raison de dire, dans le post-scriptum de notre manifeste, « que le peuple, pressentant le moment » critique où nous allons, peut-être, nous trouver sous peu, saura, » en cette occurrence difficile, allier les intérêts du trésor avec l'a- » bolition des lois odieuses et immorales qui pèsent sur lui. »

Que sera-ce donc si, au lieu de la guerre, nous avons, comme depuis 33 ans la paix, et si nous pouvons renvoyer 250 mille hommes en leurs foyers? C'est alors que nous n'allons plus savoir que faire des 200 millions que cela nous donnera en moins à dépenser. Chut! J'entends un pauvre frapper à la porte de mon esprit : je cours l'ouvrir et qui vois-je? L'agriculture éplorée, déguénillée et venant quêter quelques miettes du fruit de mes réformes ! Chère mère! pardonne! Mes yeux n'avaient été offusqués que des maux qui affligent l'ensemble de ceux que tu nourris! Je te rends grâce de ce que tu as contenu tes misères jusqu'à ce que j'ai eu pourvu au plus pressé! Tu viens à propos; réjouis-toi! Prie pour la paix, et tu retrouveras d'innombrables travailleurs et une bonne part sur les 200 millions dont j'étais embarrassée.

Que de retraites n'aurions-nous pas eu de moins à donner, si ces 33 ans n'eussent pas été employés à gaspiller la France. Temps miraculeux de paix, dont l'histoire offre peu d'exemples, qui n'a servi qu'à nous accabler tous le jours davantage sous le poids d'impôts ruineux et vexans. Mais n'en parlons pas, et, puisque nous sommes souverains, n'imitons pas ceux qui nous ont précédé.

Je passe sous silence bien d'autres réformes utiles à faire, mais d'une importance secondaire. Néanmoins, comme dans mon manifeste j'ai parlé des lois du roulage et de la chasse, je dois au public la connaissance des modifications dont je les juge susceptibles. D'abord, en première ligne, je n'obligerais plus les voitures de l'agriculture au port de la plaque, sotte invention du génie infernal de nos modernes gouvernants qui, avec le raccourcissement des moyeux, a soulevé la colère des populations rurales contre le malheureux

Philippe, qui, vraisemblablement, n'en pouvait plus et qui, cependant, plus pour-cela que pour bien d'autres choses, n'en était pas moins devenu leur bête noire. Voilà comment de petits faits qui, passent inaperçus aux yeux des rois, produisent de grands effets. Pour un fat se rattachant à quelque puissant de la terre et dont la voiture aura été accrochée plus par sa faute que par celle du bouvier, un roi, pour le venger sans le savoir, signe une ordonnance qui le rend odieux à la plus saine partie de son peuple. Ainsi vogue le monde. Quant aux voitures des rouliers ou commerçants qui n'ont pas de côteaux à exploiter et qui sont, sans cesse, sur la grande route, ces prescriptions sont bonnes. Mais, par exemple, ce qui est ridicule et tracassier, c'est cet assujétissement des diligences à la visite des agens de la régie pour voir le nombre des voyageurs qu'elles portent, comme s'il n'y avait pas une voie plus simple d'allier les intérêts de tous, sans emprunter des moyens qui dégradent tellement les hommes qu'on y emploie, que le bourreau, même, n'inspire pas une plus forte répulsion qu'eux. Voici quel serait mon expédient. Je laisserai aux voyageurs le soin de veiller à leurs intérêts, et, pour les guider, je défendrais, sous peine d'une assez forte amende, de se servir d'aucune voiture ou diligence, sans qu'au préalable sa capacité, qui serait de, etc., mètres, suivant tel ou tel nombre de voyageurs, n'eût été vérifiée conforme aux réglements, l'agent chargé de l'examiner remettrait au voiturier un timbre de son administration portant le chiffre des personnes que la voiture peut porter, sous ces seuls mots, voiture à 6, 9, 12 ou 18 places. Ce timbre serait incrusté dans l'un des côtés de la voiture et, afin que les voyageurs pussent eux-mêmes en faire la police, on peindrait à chacune de ses loges ceux qu'elle peut contenir avec l'amende à encourir pour chaque personne mise en sus, amende qui se paierait sur la plainte formelle faite par deux voyageurs de la loge où la contravention eût eu lieu, et qui tournerait au bénéfice des pauvres du premier relai où ils trouveraient l'autorité locale ou des gendarmes qui pussent recevoir leur plainte. De cette manière, la victime se plaindrait et ce serait naturel ; nulle part il n'y aurait trace de vexation

Quant à la loi sur la chasse, source de tant de malheurs, je l'anéantirais, parce qu'il est tout naturel qu'un cultivateur puisse le dimanche ou jours de fête prendre, au lieu d'un bâton, son fusil pour se promener sur sa terre, ou celle de son ami, sans s'exposer à un procès-verbal, ou à commettre un crime, s'il est emporté. Je remplacerais cette loi tracassière et dangereuse par un impôt modéré sur tout chien de chasse et j'en laisserais le bénéfice à la commune qui a tant de besoins. Voilà qui serait juste, simple et praticable sans désagrément. Toutefois, au même instant où j'affranchirais le pays de la loi sur la chasse, je me montrerais plus sévère contre celui qui voudrait chasser, sans permission, sur le terrain d'autrui.

Amis! Il me reste bien encore de réflexions à vous soumettre, soit pour éviter la partialité de nos magistrats, soit pour obvier à l'injuste fiscalité des agents du fisc, dont j'entends tant de vous se plaindre. Mais, avant d'aller plus loin, je sens le besoin de m'arrêter ici, et de vous livrer celles que j'ai écrites sur ce qui nous chagrine le plus à tous. Ma plume se refroidira ou s'échauffera, selon l'accueil que vous allez leur faire. Car, à quoi bon la fatiguer, si elle demeure incomprise, ou si le peuple souverain trouve que ce qui existe est pour le mieux du monde, Ainsi, par exemple, si je suis le seul qui me plaigne de l'impôt des 45 centimes, quand, à mon sens, il était si aisé de le remplacer par la diminution des dépenses, celle de l'armée, (toute l'Europe, la Russie exceptée, ayant la guerre intestine chez elle,) par l'impôt sur l'argent placé, ainsi que je l'ai établi, par la diminution des traitements et du nombre des employés ; si je suis le seul qui trouve immoral l'impôt du sel et des octrois, injuste celui sur les boissons; si je suis le seul qui me sois aperçu de la partialité de la plupart de nos magistrats; si, enfin, je suis le seul que les abus du pouvoir de tous les régimes aient ému! A quoi bon, en ce cas, livrer mes méditations au public? N'est-ce pas assez que j'en fatigue les échos de mes bois?

Ne dites pas non plus, si vos pensées sont les miennes et si vous trouvez équitables mes projets de réforme, que vous chercheriez en vain des hommes pour les appliquer? A cela, je répondrai : non, sans doute, si vous continuez à vous livrer sans réserve aux plus effrontés de vos concitoyens, à ceux qui se proclament eux-mêmes les phénix du pays. Secouez le joug de votre indifférence, cherchez, cherchez vous-même, la chose en vaut la peine, les hommes modestes de votre département. — Députez vers eux des citoyens simples comme vous, et priez-les, oui! priez-les! d'aller vous représenter, s'ils partagent vos sentiments qu'il vous sera facile de leur faire connaître, à l'aide de ce petit livre, si les vôtres sont les miens. Que chaque département en fasse autant, et alors, vous passerez le détroit sans tomber de Carybde en Scylla, c'est-à-dire en évitant les piéges des modernes Robespierre et ceux des ambitieux à qui tous les budgets conviennent. Ce n'est qu'à ce prix, aux prochaines élections, que vous sortirez victorieux du combat autrement périlleux que celui de la présidence; car, vous avez à discuter, trouver vos sujets, tandis que pour le président un heureux hasard nous a fourni un nom si grand que nous nous y sommes quasi tous ralliés. A la réussite de mes vœux les plus chers tiennent le bonheur, la tranquillité de la nation et la paix de l'Europe.

Barran, ce 14 janvier 1849.

www.ingramcontent.com/pod-product-compliance
Lightning Source LLC
Chambersburg PA
CBHW051555070726
47594CB00017B/1822